LA CUISINE COMPLÈTE POUR DEUX LIVRE DE CUISINE

Des recettes en portions parfaitement saines pour les moments de tous les jours

Mary C. Lawson

Matériel protégé par le droit d'auteur

Copyright © 2024 par Mary C. Lawson

Tous droits réservés. Aucune partie de cette publication ne peut être reproduite, distribuée ou transmise sous quelque forme ou par quelque moyen que ce soit, y compris la photocopie, l'enregistrement ou d'autres méthodes électroniques ou mécaniques, sans l'autorisation écrite préalable de l'éditeur, sauf dans le cas de brèves citations incorporées. dans des critiques critiques et dans certaines autres utilisations non commerciales autorisées par la loi sur le droit d'auteur.

Clause de non-responsabilité: Ce livre est destiné à fournir des informations générales et des conseils sur le sujet abordé. Il n'est pas destiné à servir d'avis médical ni à remplacer la consultation de professionnels de santé qualifiés. L'auteur et l'éditeur déclinent toute responsabilité pour toute perte ou dommage résultant de l'utilisation des informations présentées dans ce livre.

Appréciation

Avec une sincère gratitude, je rends grâce à Dieu de m'avoir guidé dans la création du « Livre de recettes complet de cuisine pour deux ». Je voudrais exprimer ma gratitude à mes écrivains renommés, à mon équipe diligente et à mes supporters inébranlables pour leurs contributions vitales à ce projet. Et à mes chers lecteurs, je suis très reconnaissant que vous ayez accueilli mon livre à bras ouverts et dans les cuisines. J'espère que vous passerez de nombreux moments agréables avec vos proches. Avec ma sincère gratitude et mes bénédictions,

Lawson, Mary C.

Table des matières

Introduction 6

Chapitre 1 : Cuisiner pour deux éléments essentiels 11

    Articles de cuisine essentiels et fournitures de garde-manger pour deux 11

    Méthodes de cuisson et conseils pour les cuisines à petite échelle 12

    Stratégies pour la planification des repas et les courses 14

Chapitre 2 : Recettes de petit-déjeuner pour deux ... 16

    Idées de petits déjeuners simples et rapides 17

    Crêpes, gaufres et pain perdu 19

    Omelette 19

Chapitre 3 : Soupes et salades pour deux 22

    Soupes et ragoûts copieux 22

    Salades fraîches et légères 23

    Vinaigrettes et garnitures 25

    Combinaisons de soupes et de salades 27

Chapitre 4 : Entrées pour deux 31

    Recettes de poulet et de volaille 31

Plats de bœuf, de porc et d'agneau..........................32

Options pour les végétariens et les fruits de mer....33

Bols de pâtes et de riz...34

Chapitre 5 : Accompagnements et légumes pour deux 38

Légumes rôtis et grillés...38

Options sautées et cuites à la vapeur......................39

Purée de pommes de terre et autres accompagnements..40

Plats principaux à base de légumes........................41

Chapitre 6 : Desserts pour deux...................................43

Gourmandises et gourmandises............................... 43

Desserts à base de fruits..44

Délices au chocolat et aux noix................................45

Mini desserts et contrôle des portions....................47

Chapitre 7 : Boissons et breuvages...........................51

Café et thé... 51

Smoothies et shakes...52

Cocktails et mocktails...53

Chapitre 8 : Occasions spéciales................................56

Dîners romantiques... 56

Fêtes.. 58

Gâteries de célébration..59

Chapitre 9. Planification et préparation des repas...63

Plans de repas hebdomadaires................................63

Exemple de plan de repas................................ 65

Repas préparés à l'avance..67

Stratégies de cuisine efficaces.................................69

annexe.. 71

Conversions de mesures..73

Substitutions d'ingrédients..................................... 74

Indice..76

Introduction

"TLe livre de recettes Complete Cooking for Two "vous souhaite la bienvenue ! Êtes-vous mal à l'aise de préparer des plats pour de grands événements et prêt à consacrer une plus grande partie de votre intérêt à votre différence substantielle et à vous-même ? Avez-vous du mal à trouver des recettes qui correspondent à vos besoins et à vos goûts particuliers ? Il y a nulle part ailleurs ! Ce livre donne un aperçu radical de la cuisine pour 2 et est spécialement conçu pour les couples comme vous.

Il y a plusieurs avantages à cuisiner pour deux, comme passer plus de temps ensemble et économiser du temps et de l'argent. Cuisiner à deux vous permet de passer d'agréables moments avec votre partenaire, de créer de nouveaux souvenirs et d'offrir à votre corps des aliments sains et délicieux. À l'aide de stratégies et de recettes adaptées à vos besoins, nous allons vous apprendre à préparer le la plupart de cuisiner pour deux dans ce livre.

Ce livre met un accent unique sur le contrôle des portions et une alimentation saine, qui pourraient tous deux être essentiels pour mener un mode de vie équilibré. Nos plats sont soigneusement conçus pour servir à deux personnes la bonne quantité de repas, afin que vous puissiez également nourrir votre corps sans en faire trop. Nous avons tout ce que vous désirez, des repas copieux aux superbes chocolats.

Vous trouverez des suggestions et une multitude de faits dans ces pages. Avec les capacités culinaires clés et les principes fondamentaux de la cuisine, le chapitre 1 pose les bases. Les plats délicieux pour le petit-déjeuner, les soupes, les salades, les dîners, les aspects et les gâteaux sont intensivement protégés dans les chapitres 2 à 6. Alors que le chapitre huit donne des idées de repas rentables et des conseils de cuisine à prix abordables, le chapitre 7 comprend des recettes pour des occasions uniques et des idées de dîners romantiques.

Nous vous emmenons dans une aventure gastronomique à travers ce livre, en partageant notre savoir-faire et notre amour de la cuisine. Nous vous apprendrons à utiliser des méthodes de cuisson propres et des composants mousseux pour préparer des plats de qualité restaurant dans le confort de votre maison.

Participez à cette aventure gastronomique avec nous ! Explorez le monde de la cuisine pour deux et ressentez la fierté de servir vos différents plats délicieux. Passons à la cuisine et transformons chaque repas en une occasion mémorable !

Commencez votre aventure culinaire dès maintenant ! Tournez la page pour découvrir les fondamentaux de la cuisine à deux et commencez à préparer des repas que vous et votre complice ne négligerez en aucun cas.

Chapitre 1 : Cuisiner pour deux éléments essentiels

CChoisir pour deux, c'est créer une expérience culinaire qui répond aux exigences d'un couple dynamique, et pas seulement des demi-recettes. Nous explorerons l'équipement, les fournitures et les techniques nécessaires pour maîtriser l'art de cuisiner à deux dans ce chapitre.

Articles de cuisine essentiels et fournitures de garde-manger pour deux

Quelques articles de cuisine essentiels sont nécessaires pour créer de délicieux repas dans une cuisine de toute taille. Cuisiner pour deux nécessite une méthode à plus petite échelle. Pensez aux petites batteries de cuisine, aux lames polyvalentes et aux appareils qui permettent de gagner de la place, comme un robot culinaire ou un mixeur de haute qualité. Gardez les produits de base comme l'huile d'olive, les épices, les tomates en conserve et les céréales comme les pâtes et le riz dans votre placard pour donner une touche gourmande à n'importe quelle recette. Avoir ces fondamentaux sous la main vous permettra d'aborder facilement n'importe quel plat.

Méthodes de cuisson et conseils pour les cuisines à petite échelle

La cuisine pour deux peut être assez créative, mais elle nécessite également certains changements dans les techniques culinaires standard. Pour garantir des repas bien cuits sans gaspiller de nourriture, soyez très attentif aux temps et aux températures de cuisson tout en réduisant la taille des recettes. Pour réduire le nettoyage et accélérer le processus de cuisson, utilisez des plats sur plaque et des merveilles en une seule casserole. Réutilisez les articles dans des recettes inventives et délicieuses pour célébrer la beauté des restes chaque jour de la semaine.

Stratégies pour la planification des repas et les courses

La préparation des repas pour deux ne doit pas être difficile ; en fait, cela peut être l'occasion de faire preuve d'ingéniosité et d'inventivité. Planifiez vos repas pour la semaine prochaine en tenant compte de vos goûts et de votre emploi du temps. Pour éviter les achats impulsifs et réduire le gaspillage alimentaire, dressez une liste de courses en fonction des repas que vous avez prévus. Pour les légumes frais, les produits laitiers et les protéines, restez en dehors du périmètre de l'épicerie ; pour les essentiels du garde-manger, allez dans les allées. Si vous recherchez des aliments frais de saison pour inspirer votre cuisine, envisagez de rejoindre un CSA ou un marché fermier local.

Vous serez prêt à commencer un merveilleux voyage culinaire à deux et à préparer des repas qui nourriront votre corps et votre esprit si vous parvenez à comprendre ces principes culinaires.

Chapitre 2 : Recettes de petit-déjeuner pour deux

DANS Bienvenue dans le royaume merveilleux du petit-déjeuner pour deux ! Ce chapitre couvrira une large gamme de délicieuses options de petit-déjeuner qui vous rassasieront et ajouteront de la saveur à votre journée. Tous les appétits peuvent être satisfaits, avec des sélections allant des gourmandises décadentes du week-end aux alternatives rapides et simples pour le petit-déjeuner.

Il est logique que le petit-déjeuner soit souvent considéré comme le repas le plus important de la journée. Il vous donne l'énergie et la nourriture dont vous avez besoin pour affronter tout ce qui se présente à vous et donne le ton pour le reste de la journée. Grâce à notre sélection de plats délicieux et sains, vous pourrez prendre un brunch tranquille le week-end ou un repas rapide à emporter.

Commençons maintenant par quelques options de petit-déjeuner simples et rapides pour bien commencer la journée.

Idées de petits déjeuners simples et rapides

1. **Gruau du jour au lendemain :** Ce petit-déjeuner préparé à l'avance est idéal pour les matinées mouvementées. Mélangez simplement des flocons d'avoine dans un pot avec du yaourt, des fruits, des noix et des graines, ainsi que votre type de lait préféré (laitier ou non laitier). Conservez-le au réfrigérateur pendant la nuit et, à votre réveil, vous aurez un petit-déjeuner crémeux, nourrissant, riche en protéines et en fibres, prêt à être dégusté.

2. **Œuf poché sur toast à l'avocat:** Faites griller un morceau de pain de grains entiers jusqu'à ce qu'il soit doré, puis tartinez la purée d'avocat de jus de citron, de sel et de poivre. Placez un œuf poché sur le pain pendant qu'il est encore chaud, en laissant le jaune couler sur l'avocat. Pour rehausser le goût, garnissez d'herbes hachées ou de flocons de piment rouge.

3. **Assiette Olivier & Yaourt**: Le yaourt grec riche en protéines, en calcium et en antioxydants avec du granola et des baies fraîches superposés dans un verre ou un bol constitue un petit-déjeuner savoureux et nutritif. Pour une touche sucrée, arrosez de miel ou de sirop d'érable. Savourez un petit-déjeuner copieux qui a le goût d'un plaisir.

4. **Chérie**: Du yaourt grec onctueux et crémeux, des légumes-feuilles et une base liquide (comme du lait, de l'eau ou du jus) sont mélangés avec vos fruits préférés. Transférez le mélange dans un verre ou un plat et garnissez avec plus de noix, de graines, de granola ou de noix de coco râpée pour lui donner du croquant et de la texture. Les smoothies sont un excellent moyen d'ajouter des portions supplémentaires de fruits et de légumes à votre alimentation, en plus d'être rapides et simples à créer.

Ces recettes de petit-déjeuner simples et rapides sont idéales pour les matinées mouvementées où vous avez besoin d'un repas copieux rapidement. Ils vous aideront à bien commencer la journée et à donner le ton pour une journée pleine d'énergie et de vigueur avec un minimum de préparation et un maximum de goût.

Crêpes, gaufres et pain perdu

Les gaufres, le pain perdu et les crêpes attirent les sens par leur douceur et leur chaleur douillettes. Une pâte de base composée de farine, de lait, d'œufs et d'agents levants est utilisée pour préparer des crêpes, qui peuvent être personnalisées avec une gamme de compléments, notamment des pépites de chocolat, des bananes ou des myrtilles. Une pâte similaire est utilisée pour faire des gaufres, qui sont cuites dans un gaufrier pour un délicieux croquant et ont un extérieur croustillant et moelleux à l'intérieur. Le pain perdu est préparé en trempant du pain d'un jour dans une combinaison d'œufs, de lait et d'épices, puis en le faisant frire jusqu'à ce qu'il devienne doré. Pour un petit-déjeuner qui ressemble à une occasion spéciale, garnissez de sucre en poudre et d'un filet de sirop d'érable.

Omelette

Les plats aux œufs comme les omelettes offrent de nombreuses possibilités de goût et d'innovation. Les œufs sont battus avec un peu de lait pour obtenir une omelette traditionnelle, qui est ensuite cuite dans une poêle chauffée jusqu'à ce qu'elle prenne un peu. Vous pouvez incorporer des garnitures comme du fromage, de la viande et des légumes pour préparer un souper copieux en quelques minutes. Qu'ils soient crémeux et fondants ou moelleux et moelleux, les œufs brouillés sont un choix flexible qui se marie bien avec une large gamme de plats. Servir avec des légumes hachés, du saumon fumé ou des herbes fraîches pour un petit-déjeuner merveilleux et sain.

Nous passerons de la richesse du petit-déjeuner au côté plus léger des soupes et salades pour deux dans le prochain chapitre. Nous passerons en revue plusieurs recettes et méthodes de cuisson pour préparer des repas savoureux et sains, idéaux à partager avec votre partenaire de restauration préféré, des soupes et ragoûts copieux aux salades fraîches et lumineuses. Alors venez avec nous pour le prochain voyage culinaire en explorant « Le livre de recettes complet de cuisine pour deux ».

Chapitre 3 : Soupes et salades pour deux

Soupes et ragoûts copieux

Maintenant, installons-nous et profitons du confort rassasiant des soupes et des ragoûts épais. Ces recettes sont idéales à partager avec votre partenaire culinaire préféré, car elles sont comme une étreinte chaleureuse par une journée froide. Nous parlons de soupes de légumes copieuses qui vous réchaufferont de l'intérieur, de pots grésillants de soupe poulet et nouilles et de ragoût de bœuf riche et savoureux.

Voici comment nous préparons ces friandises sincères. Pour commencer, nous faisons revenir quelques oignons, de l'ail et parfois du céleri dans un peu de beurre ou d'huile jusqu'à ce qu'ils deviennent aromatiques. Après cela, nous ajoutons notre protéine – du bœuf, du poulet ou des haricots par exemple – et la laissons dorer pour intensifier le goût. Pour préparer ce bouillon riche et savoureux que nous adorons tous, les légumes, les herbes et les épices sont ensuite ajoutés avec une grande quantité de liquide tel que du bouillon ou de l'eau. Après cela, nous laissons simplement tout cuire lentement et lentement jusqu'à ce que tout soit doux et merveilleux.

Parlons maintenant de nutrition. Ces ragoûts et soupes sont non seulement copieux mais aussi extrêmement nutritifs. Même si les haricots et les lentilles nous fournissent des protéines et des fibres végétales qui nous permettent de nous sentir rassasiés, les protéines maigres comme le bœuf et le poulet fournissent les éléments constitutifs dont nous avons besoin pour avoir des muscles forts. N'oubliez pas d'inclure également les légumes ! Ils regorgent d'antioxydants, de minéraux et de vitamines pour nous garder joyeux et en bonne santé tout au long de l'hiver.

Salades fraîches et légères

Amusons-nous maintenant avec quelques salades colorées et fraîches. C'est une excellente façon d'utiliser tous ces magnifiques fruits et légumes du marché fermier et ils sont idéaux lorsque vous recherchez quelque chose de croustillant et de rafraîchissant.

Maintenant, voici le truc avec les salades. Les légumes-feuilles tels que le chou frisé aux épinards ou la laitue ou tout autre vert que vous avez sous la main servent de base. Ensuite, nous expérimentons différentes garnitures. Pour une nutrition durable, choisissez des légumes vibrants comme les poivrons, les tomates et les concombres ainsi que des protéines comme le poulet grillé ou les pois chiches. Le fromage, les noix et les graines lui donnent texture et goût et une simple vinaigrette maison rassemble le tout.

Parlons maintenant de nutrition. Parce qu'elles contiennent une très grande quantité de fruits et légumes frais, les salades sont une excellente source de vitamines, de minéraux et de fibres. Les légumes colorés nous offrent des antioxydants pour nous permettre de nous sentir mieux, tandis que les légumes-feuilles nous fournissent une bonne dose de vitamines A, C et K. Les salades sont également un moyen fantastique de rester hydraté en raison de leur teneur élevée en eau.

Il y en a pour tous les goûts, quelle que soit votre envie : une salade croquante et rafraîchissante ou un copieux bol de soupe. enfilez votre tablier et commençons à préparer à manger !

Vinaigrettes et garnitures

Parlons maintenant des garnitures et des vinaigrettes pour salades. C'est ici que la magie opère : un peu de bruine ou de saupoudrage élève nos légumes verts d'ordinaires à étonnants. Laissez libre cours à notre imagination ! Il existe de nombreuses options ici !

Une vinaigrette de base composée de vinaigre d'huile d'olive et d'une pincée de sel et de poivre peut être utilisée pour les vinaigrettes. Alternativement, nous pouvons ajouter un peu de saveur en incluant des herbes fraîches, de l'ail ou de la moutarde. Les vinaigrettes crémeuses comme la César ou la Ranch sont également toujours populaires et simples à préparer à la maison avec quelques ingrédients de base.

Concernant les garnitures, les options sont infinies ! Imaginez une tarte crémeuse aux noix et aux graines d'avocat, du fromage feta ou des croûtons croustillants. Alors que les céréales cuites comme le quinoa ou le farro donnent structure et gourmandise, les fruits frais comme les baies ou les segments d'agrumes ajoutent une touche de saveur. N'oubliez pas d'inclure également des protéines dans vos salades. Le tofu aux crevettes ou le poulet grillé sont tous d'excellents choix.

Salade tropicale avec vinaigrette à la mangue

Combinaisons de soupes et de salades

Voyons maintenant comment combiner des soupes et des salades pour préparer un dîner complet copieux et délicieux. C'est ici que nous pouvons montrer nos prouesses culinaires et combiner des saveurs censées être précisément équilibrées.

Par exemple, une salade croquante et rafraîchissante se marie bien avec une soupe de légumes consistante. Une rencontre culinaire agréable est produite par les textures fraîches et croquantes de la salade et les goûts chauds et savoureux de la soupe. Alternativement, nous pourrions opter pour une soupe plus légère comme le minestrone ou les nouilles au poulet, à combiner avec une salade de céréales substantielle pour un dîner satisfaisant et sain.

Afin de préparer un bon dîner, il est important d'équilibrer les goûts, les textures et les températures. Il existe une combinaison de soupe et de salade pour vous, quelles que soient vos envies : chaude et confortable ou légère et rafraîchissante. Alors à vos plats et bols et commençons à préparer !

Combo soupe et salade italienne

Chapitre 4 : Entrées pour deux

LEntrons dans le domaine savoureux des entrées pour deux où un large choix de délices alléchants n'attendent que pour assouvir vos envies et faire plaisir à vos sens gustatifs. Pour tous les appétits et toutes les occasions, il y en a ici, des recettes de poulet et de volaille délicates aux plats copieux de bœuf, de porc et d'agneau.

Recettes de poulet et de volaille

Commençons par discuter des plats à base de poulet et de volaille. Il existe de nombreuses façons de préparer des repas à la fois savoureux et gratifiants avec ces pièces réglables. Les possibilités sont infinies, que vous ayez envie d'un poulet rôti traditionnel, d'un pâté au poulet douillet ou d'un curry de poulet piquant.

Pour améliorer le profil gustatif du poulet et de la volaille, des quantités généreuses d'herbes, d'épices et de marinades doivent être ajoutées à la chair avant la cuisson. Pour manger en toute sécurité, assurez-vous que la viande atteint une température interne de 165 °F, qu'elle soit grillée, rôtie ou sautée.

En termes de nutrition, le poulet et la volaille fournissent un apport en protéines maigres ainsi que des vitamines et des minéraux essentiels. En raison de leur adaptabilité, ils peuvent être utilisés dans une variété de recettes, notamment des sandwichs, des sautés ainsi que des salades.

Plats de bœuf, de porc et d'agneau

Explorons maintenant des recettes à base de bœuf, de porc et d'agneau qui offrent des choix copieux et savoureux pour votre repas. Succulent carré d'agneau steak juteux ou filet de porc moelleux : toutes ces viandes constituent un repas copieux et inoubliable.

Choisir la bonne coupe de viande est essentiel lors de la préparation du bœuf, du porc et de l'agneau. Il est préférable de préparer les viandes plus dures lentement en utilisant des techniques comme le braisage ou le ragoût ; les coupes maigres fonctionnent mieux lorsqu'elles sont grillées. Après la cuisson, laisser reposer la viande assure le niveau idéal de douceur et de jutosité.

Le porc, l'agneau et le bœuf sont d'excellents fournisseurs de fer, de vitamines B et de protéines. Même s'ils ont de fortes qualités gustatives, choisir des coupes maigres et retirer plus de gras rend le repas plus sain en général.

Options pour les végétariens et les fruits de mer

Nous explorerons le monde délicieux des fruits de mer et des sélections végétariennes en apportant une touche savoureuse et créative à nos entrées pour deux. Ces recettes sauront satisfaire votre appétit et stimuler votre cuisine créative, quel que soit votre penchant pour la cuisine à base de plantes ou les fruits de mer.

Une multitude de goûts et de textures se retrouvent dans les fruits de mer allant du crabe puissant au poisson blanc délicat. Imaginez des langoustines aux crevettes sur des pâtes au saumon grillé avec une sauce citron-aneth ou une paella aux fruits de mer pleine de palourdes, de moules et de calamars. Les fruits de mer sont rapidement trop cuits et séchés lorsqu'ils sont extrêmement préparés ; cela demande des compétences et une attention aux détails. Mais lorsqu'ils sont préparés correctement, les plats de fruits de mer constituent un régal gastronomique plein de saveurs océaniques.

D'autre part, les sélections végétariennes mettent en valeur les goûts et les teintes brillantes des céréales, des légumineuses et des légumes frais. Il existe de nombreuses recettes végétariennes délicieuses à essayer, allant des risottos crémeux aux champignons aux copieux légumes sautés. Ces aliments sont excellents pour l'environnement ainsi que pour votre santé car ils sont non seulement sains et nutritifs, mais également faibles en déchets.

Bols de pâtes et de riz

Concentrons-nous maintenant sur les bols de pâtes et de riz qui constituent une alternative de dîner copieuse et confortable, idéale pour les soirées fraîches passées à la maison. Ces repas comprenant de la carbonara crémeuse, des linguine aux crevettes épicées et un curry aromatique à la noix de coco avec du riz sauront satisfaire votre faim et réchauffer votre esprit.

Les plats de pâtes sont appréciés pour leur simplicité et leur adaptabilité offrant de nombreuses options pour les légumes, les viandes et les sauces. Il existe un plat de pâtes pour tous les goûts et toutes les occasions, allant de la primavera légère et rafraîchissante à l'Alfredo riche et décadent. Semblables aux sautés, les pilafs aromatiques et les bols de céréales remplis de légumes et les bols de riz protéiné offrent une toile infinie pour la créativité culinaire.

Quelle que soit votre préférence pour le bœuf, le porc ou l'agneau, ou pour le poulet ou la volaille, il y a de quoi tenter votre palais et améliorer votre rencontre alimentaire ici. extrêmement partons ensemble dans une aventure gastronomique !

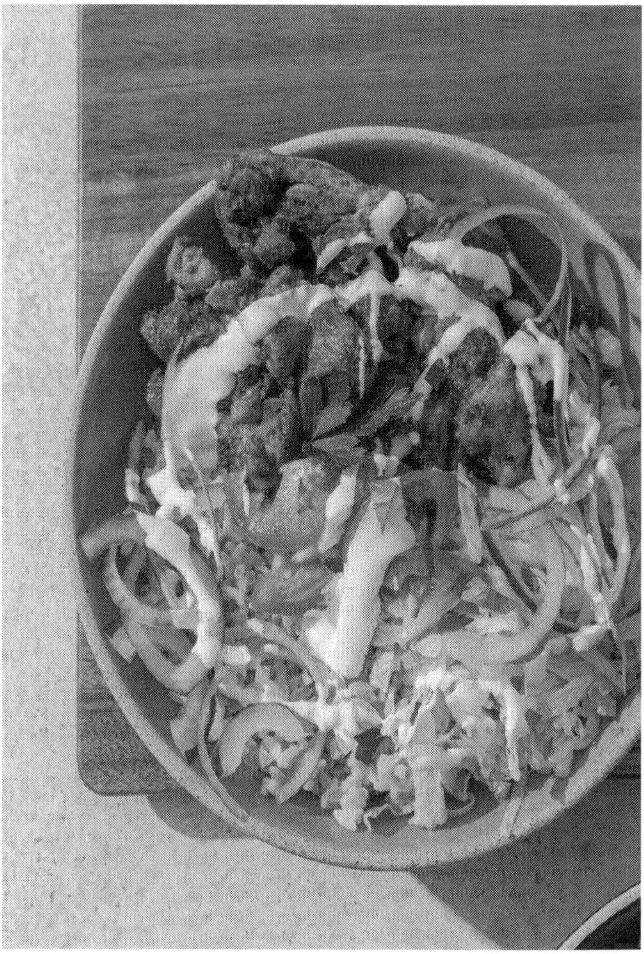

Fruits de mer

Chapitre 5 : Accompagnements et légumes pour deux

DANS Nous examinerons une gamme de plats d'accompagnement délicieux pour améliorer vos repas et donner à votre assiette un boost gustatif et nutritionnel. Bienvenue dans le monde des accompagnements et des légumes pour deux. Il existe ici un choix de légumes pour tous les plats et toutes les palettes, allant du rôti et grillé au sauté et cuit à la vapeur.

Légumes rôtis et grillés

Commençons par les légumes qui, préparés avec un peu de chaleur et de saveur, transforment des aliments ordinaires en de délicieuses créations gastronomiques. Le résultat est toujours le même : des légumes caramélisés moelleux et débordants de saveur, que vous les arrosiez d'huile d'olive et d'herbes et que vous les rôtissiez au four ou que vous les grilliez à la perfection au barbecue.

Les légumes accompagnent idéalement n'importe quel repas, car le rôtissage fait ressortir leur douceur naturelle et leur confère un joli goût carbonisé. Imaginez des carottes caramélisées, des asperges tendres rôties ou des choux de Bruxelles rôtis croquants. Les options sont illimitées. Que vous grilliez des courgettes aubergines ou des poivrons, la profondeur de saveur et l'omble magnifique qui résultent de la grillade des légumes sont incroyables.

Options sautées et cuites à la vapeur

Intéressons-nous maintenant aux légumes sautés et cuits à la vapeur qui conservent leurs arômes et textures inhérents tout en ajoutant une valeur nutritive grâce aux basses températures de cuisson. Lorsque les légumes sont sautés dans un peu d'huile ou de beurre à feu vif, ils cuisent rapidement et ont un intérieur moelleux et un extérieur doré.

Pour ajouter du goût et de la nutrition aux plats de pâtes sautés et aux bols de céréales, les légumes sautés peuvent être consommés seuls comme simple plat d'accompagnement. Une autre façon saine de préparer les légumes est de les cuire à la vapeur, ce qui permet de conserver intacts les nutriments et les teintes des produits tout en conservant leurs textures croquantes et leurs couleurs brillantes. Les haricots verts brocolis ou le chou-fleur cuits à la vapeur constituent un légume délicat et croquant qui se marie bien avec n'importe quel plat principal.

Purée de pommes de terre et autres accompagnements

Plongeons maintenant dans le monde réconfortant de la purée de pommes de terre et autres accompagnements où les accompagnements classiques occupent une place centrale et ajoutent une touche de nostalgie à nos repas pour deux. La purée de pommes de terre est l'aliment réconfortant ultime offrant une toile de beurre crémeuse pour votre sauce ou sauce préférée. Que vous préférez le lisse et soyeux ou rustique et en morceaux, en purée les pommes de terre sont un accompagnement intemporel qui se marie parfaitement avec les rôtis viandes grillées légumes ou légumes verts sautés.

Mais la purée de pommes de terre n'est pas le seul plat d'accompagnement à savourer. Du pain de maïs au beurre et des petits pains moelleux aux haricots verts tendres et croustillants et à la salade de chou piquante, vous avez le choix entre une multitude de plats d'accompagnement pour compléter votre repas. Ces côtés ajoutent texture, saveur et de la variété dans votre assiette Révolutionner un simple dîner en un festin mémorable.

Plats principaux à base de légumes

Enfin, explorons les plats principaux à base de légumes où les plantes occupent une place centrale et prouvons que les repas sans viande peuvent être tout aussi satisfaisants et délicieux que leurs homologues carnivores. Que vous soyez un Accro végétariens ou souhaitant simplement incorporer davantage de repas à base de plantes à votre alimentation, ces plats offrent une alternative délicieuse et nutritive aux plats traditionnels à base de viande.

Des copieux sautés de légumes aux bols de céréales colorés, en passant par les lasagnes aux légumes crémeuses et les savoureux chilis aux haricots, les options ne manquent pas en matière de plats principaux à base de légumes. Ces repas regorgent de fibres, de vitamines et de minéraux, ce qui les rend non seulement délicieux mais aussi bons pour la santé. Si vous avez envie d'une salade légère et rafraîchissante ou d'un repas copieux et satisfaisant ragoût, il y a un plat principal à base de légumes pour plaire à tous les palais.

Chapitre 6 : Desserts pour deux

Ssavourez la douce fin de votre dîner avec de délicieux desserts préparés pour deux. ce chapitre propose une belle sélection de délices et de plaisirs sucrés ainsi que des desserts à base de fruits qui satisferont votre doux appétit sans prendre de kilos.

Gourmandises et gourmandises

Commençons par plonger dans le riche domaine des confiseries et des décadences où les sucreries sont destinées à être savourées et consommées avec modération. Ces desserts sont une célébration du goût et de la décadence, allant des pâtisseries feuilletées chargées d'une riche compote de fruits aux cheesecakes riches et crémeux.

Que vous ayez envie d'une crème brûlée veloutée, d'un riche gâteau de lave au chocolat ou d'un tiramisu traditionnel, ces desserts raviront même les desserts les plus exigeants. prévision. savourer tous les goûts et apprécier le savoir-faire et l'attention aux détails nécessaires à la fabrication de ces friandises décadentes est important pour les savourer.

Desserts à base de fruits

Explorons maintenant le côté plus léger du dessert avec quelques douceurs à base de fruits qui mettent en valeur la douceur et la fraîcheur inhérentes aux produits de saison. Les desserts à base de fruits sont une façon rafraîchissante et sans culpabilité de terminer votre dîner sur une note sucrée. ils vont des baies juteuses et des fruits à noyau aux agrumes piquants et aux friandises tropicales

Ces les sucreries sont une célébration de l'abondance de la nature, que vous vous livriez à une simple salade de fruits garnie de chérie, c'est cool un sorbet préparé avec une purée de fruits frais ou un cordonnier de fruits maison avec une croûte de biscuit au beurre. Non seulement ils sont savoureux, mais ils constituent également une option de dessert nourrissante et nourrissante, car ils sont riches en vitamines, minéraux et antioxydants.

Délices au chocolat et aux noix

Explorons maintenant le domaine décadent des friandises au chocolat et aux noisettes, où textures alléchantes et goûts profonds se combinent pour produire des friandises trop bonnes pour être refusées pour deux personnes. que vous vous souciez de mousses rapides, de boules fermes cassantes ou de truffes au café robustes, ce point a l'entité pour répondre à votre dent de dessert et améliorer votre rencontre sucrée

En raison de son penchant robuste et de sa texture riche, le café est un facteur général en douceur bonbons. Lorsqu'il s'agit de préparer des desserts au chocolat, les options sont illimitées, allant des gâteaux au chocolat riche et noir au chocolat onctueux. mousse. Dans café supplémentaire acquiert un ampli unité de penchant vert et de texture une fois avec un soin insensé noisettes, noix ou des amandes. Cela donne à chaque bouchée un délicieux croquant et une nuance de noisette.

Ces friandises sont garanties d'impressionner et de plaire, que vous vous offriez un nouveau lot de chocolat. truffes, un riche un gâteau au chocolat sans farine ou un soufflé au chocolat traditionnel. puis courez en avant et donnez un pouce à votre envie de dessert et aimez tous les goûts de café robuste et de goût insensé.

Mini desserts et contrôle des portions

Côté alimentation, les petits desserts sont le meilleur moyen de se faire plaisir sans se sentir mal. Vous pouvez satisfaire votre gourmandise avec ces bouchées tout en respectant les règles de contrôle des portions. En proposant des friandises en petites quantités, nous pouvons non seulement essayer différents goûts, mais aussi bien manger.

Ces petites gourmandises sont idéales pour ceux qui souhaitent goûter à la saveur des friandises traditionnelles sans trop manger. Ils permettent d'emballer une large gamme d'aliments dans un petit espace, des fruits frais aux bonbons riches. Cette façon de manger vous rend plus conscient de ce que vous faites, car vous appréciez chaque bouchée pour son propre goût et sa propre sensation.

Les mini-gâteaux peuvent aussi être une façon amusante d'essayer de nouvelles choses en cuisine. Les chefs professionnels et les cuisiniers à domicile peuvent jouer avec les goûts, les textures et l'apparence pour créer une large gamme de petites œuvres d'art qui ont fière allure et qui sont bonnes pour vous.

Les mini-friandises sont un excellent exemple de l'idée selon laquelle moins peut être plus. On nous dit que même une petite quantité peut nous apporter beaucoup de bonheur et de plaisir. Cela en fait un excellent choix pour les personnes soucieuses à la fois du goût et de la santé.

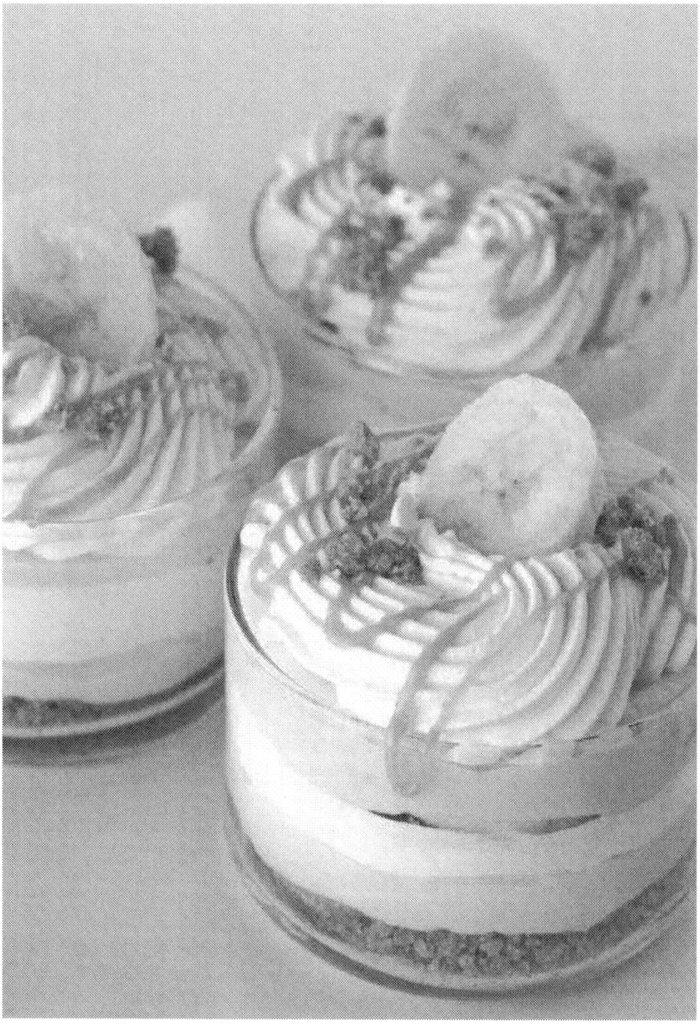

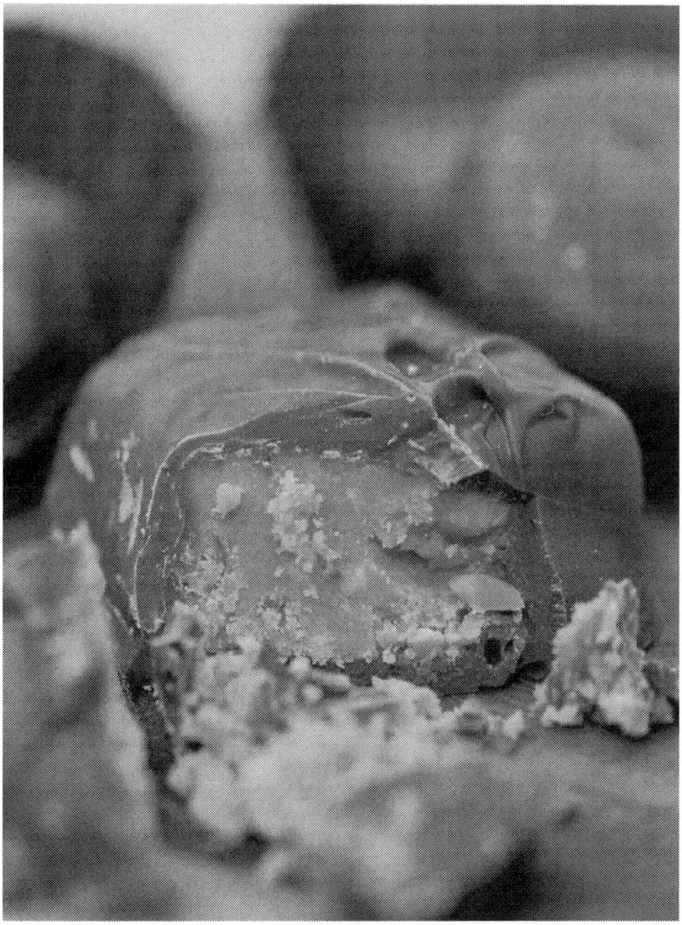

Chapitre 7 : Boissons et breuvages

Café et thé

Le café et le thé sont deux des boissons les plus populaires au monde. Les gens les aiment depuis des centaines d'années parce qu'ils ont bon goût et qu'ils vous font du bien. Ces boissons ne sont pas seulement une routine matinale ; c'est un événement culturel qui traverse les pays et rassemble les gens.

Le café, au goût fort et puissant, est souvent associé à l'énergie et à l'efficacité. C'est la boisson incontournable pour ceux qui ont besoin d'un remontant rapide pour commencer leur journée ou pour traverser un après-midi chargé. La variété des recettes de café, de l'espresso classique au latte crémeux, offre des possibilités infinies de personnalisation et de plaisir.

Le thé, quant à lui, est apprécié pour ses qualités curatives et sa large gamme de goûts. Qu'il s'agisse des douces notes du thé vert ou de la chaleur apaisante de la camomille, le thé offre un moment de paix dans nos vies trépidantes. Il est également connu pour ses bienfaits pour la santé, notamment ses vitamines qui favorisent le bien-être.

Le café et le thé occupent une place unique dans le monde des boissons. Ils offrent chaleur, compagnie et un sentiment de rituel. Alors que nous étudions l'art des boissons et des breuvages, n'oublions pas le plaisir simple que ces deux élixirs anciens apportent à notre quotidien.

Smoothies et shakes

Les smoothies et les shakes sont les meilleures boissons pour les personnes qui souhaitent commencer la journée avec quelque chose de sain et savoureux ou faire le plein d'énergie après une séance d'entraînement. Ces boissons mélangées contiennent des protéines, des fruits, des légumes et d'autres ingrédients sains qui fonctionnent bien ensemble pour créer une boisson bonne pour le corps et le cerveau.

En raison de leur nature épaisse et crémeuse, les smoothies sont une excellente façon de manger une gamme de fruits et légumes. Parce qu'ils peuvent être modifiés pour s'adapter à différents goûts et besoins nutritionnels, ils constituent une excellente option pour les personnes qui souhaitent obtenir plus de vitamines et de minéraux.

D'un autre côté, les shakes contiennent généralement du lait, soit à base de produits laitiers, soit à base de plantes, et peuvent être encore meilleurs en ajoutant des poudres de protéines ou des beurres de noix. C'est un choix savoureux et nourrissant qui peut être utilisé à la place d'un repas ou comme boisson curative après l'entraînement.

Les smoothies et les shakes peuvent être préparés de différentes manières et appréciés de différentes manières. Vous pouvez les déguster à la maison ou en déplacement ; ils sont faciles à obtenir, cool et pleins de bonnes choses pour vous. Ces aliments sont l'essence même de la nutrition moderne : chaque gorgée est un mélange de santé et de goût.

Cocktails et mocktails

Les cocktails et les mocktails sont l'expression idéale de la mode et du fitness, offrant une expérience d'association satisfaisante pour 2. Les cocktails, généralement composés d'un mélange de boissons, de mixeurs et de garnitures, sont une fête de goûts qui peuvent être ajustés pour façonner n'importe quel palais. Il ne s'agit pas seulement du niveau d'alcool ; c'est le mélange inventif de substances qui donne une boisson équilibrée.

Les cocktails sans alcool, les cousins sans alcool, sont tout aussi attrayants. Ils sont fabriqués avec la même innovation que les boissons, mais sans les spiritueux, ce qui en fait un choix formidable pour les personnes qui choisissent de ne pas manger d'alcool ou recherchent une alternative plus légère. Les cocktails sans alcool contiennent souvent des ingrédients pétillants, des herbes et des liquides, donnant une explosion de goûts et de nutriments naturels.

Les boissons et les cocktails sans alcool peuvent être des choix sains lorsqu'ils sont préparés avec des produits agréables. Ils permettent l'ajout d'antioxydants provenant de légumes, de vitamines provenant de liquides et même de probiotiques provenant d'ingrédients fermentés comme le kombucha. En choisissant des ingrédients pétillants et naturels, ces boissons peuvent contribuer à un régime alimentaire sain.

Pour les couples ou les amis partageant un repas ou une soirée ensemble, les boissons et les cocktails sans alcool constituent un moyen de profiter de chaque autre entreprise tout en menant quelque chose de délicieux et d'utile. Ils témoignent de l'idée selon laquelle une vie saine ne signifie pas perdre le goût ou la fierté.

Chapitre 8 : Occasions spéciales

Dîners romantiques

Un dîner romantique est plus qu'un simple repas ; c'est un événement privé censé créer des souvenirs afin de clôturer une vie pour chacun de vous. Lorsque vous et votre partenaire partagez de la nourriture, parlez, ricanez et aimez, vous pouvez oublier à peu près tout le reste et vous connecter complètement les uns aux autres.

Créer l'ambiance d'un dîner romantique pourrait être très essentiel. N'importe quelle pièce peut être transformée en un havre romantique avec des luminaires doux, des bougies et peut-être une musique douce. Pour ajouter une touche de classe, le bureau doit être dressé avec soin, en utilisant des assiettes de haute qualité, de l'argenterie brillante et des verres exquis.

Je trouve cela irrésistible lorsque les menus restent aussi simples que possible. Vous devez choisir des aliments qui ont l'air vrais en plus d'avoir bon goût. Pour faire gonfler votre ventre, commencez par une entrée légère comme une bruschetta ou une salade douce. Pour la première voie, pensez à des plats savoureux mais pas trop compliqués. Par exemple, un poisson grillé avec des légumes rôtis ou un filet mignon onctueux avec une sauce aux champignons.

La meilleure façon de terminer un repas sur un bon mot est de prendre un dessert. Une préférence tendance comme la fondue au chocolat ou une riche crème brûlée peut être à la fois délicieuse et savoureuse, ajoutant une touche de divertissement à la soirée.

N'oubliez pas que c'est l'idée et les peintures qui dépendent. Des touches personnelles comme des notes faites à la main ou une bouteille de vin préférée pourraient faire toute la différence. Un dîner romantique consiste à créer une atmosphère permettant à deux personnes de profiter de la compagnie de l'autre et de créer de beaux souvenirs ensemble.

Fêtes

Les fêtes de fin d'année sont une coutume séculaire qui rassemble familles et amis pour profiter de la saison. Ces rencontres sont marquées par l'excès de nourriture, les rires et la joie des moments partagés. Le cœur d'un festin des Fêtes réside dans sa capacité à créer un sentiment de communauté et d'appartenance.

La nourriture d'un festin de vacances est souvent l'expression de l'histoire ethnique et des goûts personnels. Il comprend généralement une gamme de repas répondant à différents goûts et besoins nutritionnels. Des rôtis juteux aux plats d'accompagnement savoureux, chaque élément sur la table raconte une histoire et ajoute à l'expérience globale.

L'un des points forts de tout festin des fêtes est la pièce maîtresse, généralement un gros rôti ou une dinde, qui représente la richesse et les remerciements. Ce plat principal est accompagné d'une gamme d'accompagnements tels que de la purée de pommes de terre crémeuse, du maïs au beurre et des haricots vert vif. Les desserts comme les tartes, les gâteaux et les biscuits ajoutent une touche sucrée au repas.

Mais au-delà de la nourriture, c'est l'ambiance qui rend un festin vraiment remarquable. Les décorations, la musique et les histoires contribuent à créer un lieu accueillant où chacun se sent le bienvenu. C'est le moment d'honorer les anciennes coutumes tout en créant de nouveaux souvenirs.

Essentiellement, les fêtes de fin d'année ne se limitent pas à manger ; il s'agit de profiter des cadeaux de la vie avec ceux qui nous sont chers. Ils nous parlent de l'importance de ralentir, de profiter de chaque instant et d'apprécier la compagnie que nous gardons.

Gâteries de célébration

Les desserts sucrés sont le moyen idéal pour clôturer tout événement mémorable et vous souvenir des moments heureux passés avec ceux qui vous sont chers. Lorsqu'il s'agit de cuisiner pour deux, ces friandises prennent une signification particulière, car elles sont préparées avec soin et attention aux détails, garantissant que chaque bouchée est aussi mémorable que l'événement lui-même.

Les friandises festives sont complètes autour de l'indulgence et ont l'air heureuses, des couches robustes et rapides de la barre de gel de café Amp à l'harmonie nuancée du maïs Amp Sharp. Ils constituent souvent le point culminant culinaire d'un dîner, un dessert qui reste dans l'esprit et le cœur longtemps après la dernière bouchée.

Nous avons examiné dans ce chapitre un certain nombre de plats idéaux pour les petites fêtes ou les célébrations privées. Cuisiner pour deux est en baisse Parce qu'autour des desserts, le tiramisu artisanal soigné avec ses boudoirs imbibés d'espresso ou le malus pumila classique proto-indo européen au fiel tendre sont destinés à fonctionner ensemble et à savourer en petites quantités

Alors que nous arrivons à la fin de ce chapitre, rappelons-nous que la véritable essence des friandises festives ne réside pas seulement dans leur goût, mais aussi dans l'amour et les efforts déployés pour les préparer. Ils témoignent des moments spéciaux que nous chérissons et des liens que nous célébrons. Ainsi, alors que vous vous lancez dans votre prochaine aventure culinaire avec la planification et la préparation des repas, emportez avec vous l'esprit de fête qu'incarnent ces friandises.

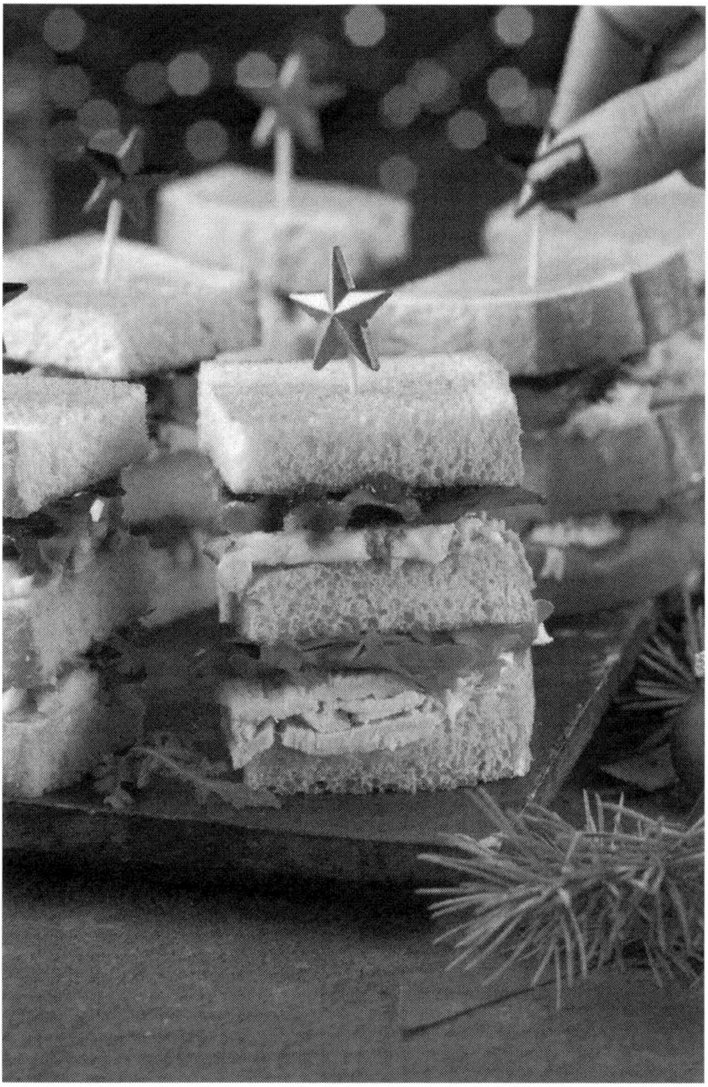

Chapitre 9. Planification et préparation des repas

Plans de repas hebdomadaires

Commencer un plan de repas hebdomadaire revient à jeter les bases d'une aventure culinaire passionnante et enrichissante. Deuxièmement, c'est l'occasion de jouer avec les saveurs et les combinaisons de recettes pour produire une symphonie de plats qui plairont à différents palais et goûts.

Planifier un plan alimentaire hebdomadaire commence par réfléchir à la manière d'équilibrer la variété et la nutrition. Une alimentation équilibrée doit comprendre une variété de céréales, de fruits, de légumes et de protéines. Pour deux, il s'agit d'organiser des repas facilement modulables, favorisant l'adaptabilité et l'inventivité.

Il est maintenant temps d'aborder le sujet de cette semaine. Choisir un thème peut améliorer le plaisir et la cohérence de la préparation du dîner, qu'il s'agisse d'une fête mexicaine avec des salsas colorées et du guacamole ou d'une soirée italienne avec des pâtes faites à la main.

Lorsque vous rédigez votre plan, n'oubliez pas de tenir compte de l'improvisation. Vous pouvez essayer une nouvelle recette qui attire votre attention ou remplacer un repas prévu par celui que vous voyez au marché.

Et enfin, ne négligez pas la préparation. Préparer des sauces à l'avance, faire mariner des viandes ou pré-hacher des légumes peuvent tous vous aider à gagner un temps précieux tout au long de la semaine de travail. De plus, partager une expérience culinaire avec d'autres ne se limite pas à la nourriture ; il s'agit de créer des souvenirs ensemble dans la cuisine.

Alors, alors que vous commencez votre plan de menu hebdomadaire pour « La cuisine complète pour deux », soyez enthousiasmé par le processus. Il s'agit d'entretenir votre connexion via l'amour de la nourriture, pas simplement de nourrir votre corps. Bravo pour cette semaine pleine de plats délicieux et d'expériences précieuses !

Exemple de plan de repas

Jour	Petit-déjeuner	Déjeuner	Dîner
Lundi	Gruau aux baies et aux noix	Salade de quinoa aux légumes mélangés	Poitrine de poulet grillée avec brocoli cuit à la vapeur et riz brun
Mardi	Yaourt grec au miel et granola	Wrap à la dinde et à l'avocat	Saumon au four aux asperges et quinoa
Mercredi	Oeufs brouillés aux épinards et fromage	Soupe de lentilles au pain complet	Tofu sauté avec mélange de légumes et riz brun

		feta		
Jeudi	Smoothie à la banane, aux épinards et au lait d'amande	Salade César au poulet (vinaigrette légère)	Sauté de bœuf aux poivrons et nouilles
Vendredi	Toasts aux grains entiers avec avocat et œuf poché	Salade Caprese avec craquelins aux grains entiers	Pâtes aux crevettes à l'ail et à l'huile d'olive
Samedi	Crêpes aux fruits frais (sirop sans sucre)	Sandwich à la salade de thon sur pain complet	Curry de légumes aux pois chiches et riz basmati
Dimanche	Pain perdu accompagné de fruits rouges mélangés	Panini aux légumes grillés	Poulet rôti aux patates douces et haricots verts

Repas préparés à l'avance

Les héros cachés de la planification des repas sont les aliments préparés ; ils offrent de la commodité sans sacrifier la saveur ou la qualité. Pour commencer, lors des journées trépidantes où le temps compte mais que vous souhaitez tout de même profiter d'un dîner fait maison, ils constituent l'option idéale.

Les plats préparés à l'avance sont beaux en raison de leur polyvalence. Vous pouvez préparer une quiche prête à cuire en un instant, un pot de lasagne avec des couches de couches savoureuses ou un ragoût copieux qui mijote à la perfection. Ces repas peuvent être préparés à l'avance et conservés au congélateur ou au réfrigérateur jusqu'à ce qu'ils soient prêts à être servis ou réchauffés.

Un stockage approprié est essentiel pour des repas préparés à l'avance efficaces. Pour conserver la fraîcheur de vos aliments et éviter que des arômes indésirables ne s'y infiltrent, conservez-les dans des contenants hermétiques. Pour une organisation facile, inscrivez le nom du repas et la date de préparation sur l'étiquette de chaque contenant.

Élaborer des plans de repas avec des produits qui se congèlent bien est un autre conseil. Vous pouvez congeler des soupes, des ragoûts, des ragoûts et de nombreux produits de boulangerie pendant des semaines sans qu'ils ne durcissent ou ne perdent leur goût. N'oubliez pas de permettre l'expansion pendant la congélation du récipient.

Enfin, lorsque vous réchauffez des plats que vous avez préparés à l'avance, pensez à modifier les temps de cuisson. Pour bien se réchauffer, la plupart des plats auront besoin d'un peu plus de temps au four ou sur la cuisinière.

Inclure des repas préparés dans votre horaire hebdomadaire vous permet de gagner du temps et de vous sentir moins stressé. Cela vous permet de profiter de votre temps ensemble au lieu de penser à ce que vous allez dîner. Alors profitez du temps supplémentaire dont vous disposez avec votre proche et profitez de la facilité des repas préparés à l'avance.

Stratégies de cuisson efficaces

Une cuisine paisible repose sur des techniques de cuisson efficaces, notamment lorsque l'on cuisine à deux. Il s'agit de faire de chaque repas une représentation d'amour et de soin tout en améliorant le plaisir de cuisiner et en réduisant le travail.

Adopter la technique de mise en place, ou avoir tout prêt et accessible avant de commencer à cuisiner, est l'une des tactiques les plus efficaces. Cela réduit la pression du multitâche tout en rationalisant le processus de cuisson. À deux, c'est l'occasion de collaborer, chacun s'occupant d'une tâche distincte et générant une danse efficace en cuisine.

Utiliser des ingrédients adaptables qui peuvent être utilisés dans de nombreuses recettes différentes au cours de la semaine est une autre tactique importante. Cela réduit les déchets en plus d'économiser de l'argent. Pensez à des produits comme un bloc de fromage qui peut être utilisé dans des salades, des omelettes et des sandwichs, ou des poitrines de poulet qui peuvent être grillées un jour et sautées le lendemain.

Les couples peuvent également bénéficier de la méthode de cuisson par lots. Lors des journées chargées, vous pouvez gagner du temps en préparant certaines recettes en plus grande quantité et en congelant des portions. C'est comme si vous aviez toujours un chef personnel disponible pour vous préparer des plats réconfortants chaque fois que vous en avez besoin.

En ce qui concerne les techniques culinaires, le rôtissage et la pâtisserie fonctionnent bien pour deux personnes car, une fois installés, ils nécessitent très peu d'attention. Après avoir préparé votre repas, vous pourrez vous détendre ou passer du temps ensemble pendant que la cuisson est parfaite.

Enfin, ne sous-estimez jamais l'importance d'un ustensile de cuisine de haute qualité. Votre expérience culinaire peut être grandement améliorée en investissant dans une poêle en fonte solide, un bon mixeur ou un couteau de chef de haute qualité. Investissez dans des instruments durables pour faciliter vos explorations culinaires.

Au moment où nous aurons terminé « La cuisine complète pour deux », gardez à l'esprit que cuisiner ne se limite pas à préparer de la nourriture : il s'agit également de créer des souvenirs et de favoriser une connexion. Pour vous aider à faire exactement cela – cuisiner avec amour, manger avec délice et vivre pleinement la vie – nous vous proposons un certain nombre d'idées.

Ainsi, voici de nombreux autres dîners passés ensemble, où les rires résonnent dans toute la maison pendant que vous essayez de nouveaux aliments et préparez d'anciens favoris. Qu'il y ait toujours de la chaleur dans votre cuisine et de la convivialité autour de votre table. En attendant notre prochaine rencontre gastronomique, chérissez chaque instant. Bon appétit!

annexe

Conversions de mesures

Dans « La cuisine complète pour deux », comprendre les conversions de mesures est essentiel pour garantir que vos recettes soient parfaites. Voici un guide pratique pour vous aider à convertir entre différentes unités de mesure :

Conversions de volumes:

- 1 tasse = 8 onces liquides (fl oz)
- 1 cuillère à soupe (c. à soupe) = 3 cuillères à café (c. à café)
- 1 cuillère à café (c. à café) = 5 millilitres (ml)
- 1 pinte (pt) = 2 tasses
- 1 litre (qt) = 4 tasses
- 1 gallon (gal) = 16 tasses

Conversions de poids:

- 1 once (oz) = 28,35 grammes (g)
- 1 livre (lb) = 16 onces
- 1 kilogramme (kg) = 2,20462 livres

Conversions de température:

- Pour convertir Fahrenheit en Celsius : $(C = \frac{5}{9} \times (F - 32))$

- Pour convertir Celsius en Fahrenheit : $(F = \frac{9}{5} \times C + 32)$

N'oubliez pas que lorsque vous cuisinez pour deux personnes seulement, il est important de mesurer les ingrédients avec précision pour obtenir l'équilibre parfait des saveurs.

Substitutions d'ingrédients

Lorsque vous cuisinez pour deux, les substitutions d'ingrédients peuvent vous sauver la vie, surtout lorsqu'il vous manque quelque chose ou que vous souhaitez rendre un plat plus sain. Voici quelques substitutions essentielles à garder à l'esprit :

Substitutions de farine:
- 1 tasse de farine tout usage = 1 tasse de farine de blé entier (pour une option plus saine)
- 1 tasse de farine tout usage = 1 tasse de farine d'amande (pour une cuisine sans gluten)

Substitutions d'édulcorants :

- 1 tasse de sucre cristallisé = 3/4 tasse de miel ou de sirop d'érable (pour un édulcorant naturel)
- 1 tasse de sucre cristallisé = 1/2 tasse de compote de pommes (pour une option moins calorique)

Substitutions de graisses:
- 1/2 tasse de beurre = 1/2 tasse d'huile végétale (pour une option sans produits laitiers)
- 1/2 tasse de beurre = 1/4 tasse de compote de pommes (pour une option faible en gras)

Substitutions laitières:
- 1 tasse de lait = 1 tasse de lait d'amande ou de soja (en cas d'intolérance au lactose ou de régime végétalien)
- 1 tasse de yaourt = 1 tasse de yaourt à la noix de coco (pour une option sans produits laitiers)

Substitutions de protéines:
- 1 tasse de bœuf haché = 1 tasse de dinde ou de poulet haché (pour une protéine plus maigre)
- 1 tasse de tofu = 1 tasse de tempeh ou de seitan (pour une source de protéines végétarienne)

Substitutions d'herbes et d'épices:

- Les herbes fraîches peuvent souvent être remplacées par des herbes séchées dans un rapport de 3:1.
- Si vous n'avez pas de cumin, vous pouvez utiliser de la poudre de chili ou de la coriandre à la place

Notez que lors du remplacement d'ingrédients, il est important de prendre en compte l'impact sur la saveur, la texture et le temps de cuisson. Expérimenter différentes substitutions peut mener à de délicieuses découvertes et vous aider à adapter les recettes à vos goûts et à vos besoins alimentaires.

Indice

A - Apéritifs
- Apéritifs et collations
- Toast à l'avocat

B - Cuisson
- Bases de la pâtisserie
- Pain à la banane

C - Gâteaux
- Gateau au chocolat
- Gâteau à la carotte

D-Desserts

- Desserts sucrés

-Mousse au chocolat noir

E - Équipement

- Outils essentiels

- Mixeur électrique

F - Saveurs

- Accords de saveurs

- Herbes fraîches

G - Céréales

- Céréales et pâtes

- Options sans gluten

H - Miel

- Jambon glacé au miel

I - Ingrédients

- Substitutions d'ingrédients

- Saveurs internationales

J - Jus
- Jus et smoothies

K - Essentiels de cuisine
- Outils de cuisine
- Couteaux et planches à découper

L - Déjeuners
- Bouchées légères et entrées
- Relooking des restes

M - Plats principaux
- Entrées de viande
- Plats méditerranéens

N - Nouilles
- Nouilles et sauces

O - Omelettes, section Petit-déjeuner et Brunch

P - Agrafes de garde-manger
- Sélections de pâtes
- Conseils d'organisation du garde-manger

Q - Plats de quinoa et de riz

R - Recettes

S - Salades et soupes

T - Thé et Café

U - Ustensiles

V - Légumes et Salades

W - Section Plans de repas hebdomadaires

X - Gomme Xanthane (pour pâtisserie sans gluten)

Y - Plats à base de yaourt

Z - Zest et Zing (mélanges d'épices)

Merci d'avoir lu « La cuisine complète pour deux ». Nous espérons que vous avez trouvé l'inspiration et la joie dans les pages de ce livre. Pour d'autres recettes délicieuses et aventures culinaires, assurez-vous de vous procurer les autres livres de l'auteur. Scannez le code QR ci-dessous pour découvrir un monde de saveurs qui vous attend.

Bonne cuisine !!!

Made in United States
Orlando, FL
05 August 2024

49949175R00046